Me 262 - DAS VIELZWECKFLUGZEUG

von Manfred Griehl

Linke Seite:
Die in Dübendorf/Schweiz abgestellte Maschine der III./JG 7.

Band 90

DM 8,50

PODZUN-PALLAS-VERLAG GmbH · 6360 Friedberg 3 (Dorheim)

Podzun-Pallas-Verlag GmbH, Markt 9, 6360 Friedberg 3 (Dorheim)

Das Waffen-Arsenal: Gesamtredaktion Horst Scheibert

ISBN 3-7909-0233-0

QUELLENANGABE:

- Alliierte ADIK-Berichte
- Werksunterlagen Messerschmitt AG
- Werksunterlagen Junkers AG
- Akten und Berichte des Oberkommandos der Luftwaffe, Generalquartiermeisters

FOTO-NACHWEIS:

- Sammlung Bekker (6)
- Sammlung Dabrowski (3)
- Sammlung Heck (4)
- Sammlung Jayne (6)
- Sammlung Grimminger (2)
- Sammlung Holzmann (1)
- Luft-ARCHIV (11)
- Sammlung Lutz (12)
- Sammlung Marchand (1)
- Archiv MBB (4)
- Sammlung Muth (3)
- Sammlung Nowarra (5)
- NASM Washington (2)
- Sammlung Petrick (4)
- Sammlung Selinger (1)
- Archiv Verfasser
- Podzun-Pallas-Verlag

Vertrieb:
Podzun-Pallas-Verlag GmbH
Markt 9, Postfach 314
6360 Friedberg 3 (Dorheim)
Telefon: 06031/3131 und 3160
Telex' 415961

Alleinvertrieb
für Österreich:
Pressegroßvertrieb Salzburg
5081 Salzburg-Anif
Niederalm 300
Telefon 06246/3721

Verkaufspreis für Österreich: 68,-- Schilling, Schweiz: 8,50 sfr

Für den österreichischen Buchhandel: Verlagsauslieferung Dr. Franz Hain, Industriehof Stadlau, Dr. Otto-Neurath-Gasse 5, 1220 Wien

VORBEMERKUNGEN

Nachdem der Band 55 (Der erste Turbinenjäger der Welt Me 262) dieser Reihe schon seit Jahren vergriffen ist, legen wir hier einen zweiten Band über dieses Entwicklungsgeschichte machende Flugzeug vor. Getreu unserem Grundsatz finden unsere Leser auch hier nur neue Abbildungen gegenüber dem früheren Band.

Drei Maschinen des Erprobungskommandos 262 im Sommer 1944 in Lechfeld.

Me 262 — Das Vielzweckflugzeug

Entwicklung

Ende der dreißiger Jahre kam für den Flugzeugbau eine der wohl wichtigsten Epochen in Sicht.
Die Messerschmitt AG begann mit der Konzeption der späteren Me 262, damals noch als Projekt (P) 65 bezeichnet. Ab April 1941 lief die praktische Erprobung an. Nachdem die Festigkeit der P 1065-Zelle feststand, konnten die ersten Versuchstriebwerke installiert werden. Bis zum Sommer 1942 waren fünf Prototypen mit BMW 003-Turbinen geplant. Wegen technischer Unausgereiftheit mußte man kurzfristig auf Jumo 004-Triebwerke ausweichen. Im August 1942 wurde die Zahl der V-Muster auf zehn erhöht, um die Erprobung zu beschleunigen. Als das RLM schließlich von den Leistungen der Strahlflugzeuge überzeugt war, setzte Milch am 25. Mai 1943 die Produktion der Me 209 ab und ordnete gleichzeitig den unverzüglichen Serienanlauf der als Vielzweckflugzeug geplanten Me 262 an.

Bis Mai 1943 standen trotz aller Anstrengungen erst vier Versuchsmuster mit Heckrad zur Verfügung, die jedoch alle nicht immer verfügbar waren. Die fehlenden sechs Me 262 sollten schnellstmöglich folgen.
Um die taktische Seite des Flugverhaltens zu überprüfen, stellte das Oberkommando der Luftwaffe (OKL) – in Zusammenarbeit mit dem Kommando der Erprobungsstellen (KdE) und dem General der Jagdflieger (GdJ) – das Erprobungskommando 262 (EKdo Lechfeld) auf. Es wurde von dem erfahrenen Piloten und Ritterkreuzträger Hauptmann Thierfelder geführt und war in Lechfeld stationiert. Mit den inzwischen frisch ausgelieferten Me 262 V6 und V7 führten Messerschmitt-Werkspiloten die umfangreiche Leistungserprobung durch. Gleichzeitig wurden die Junkers-Turbinen weiter vervollkommnet und immer wieder getestet.

Start der Me 262 V3 vom Werksflugplatz in Augsburg.

Blitzbomber mit zwei SC 250-Bomben, Werk-Nr. 110813.

Blitz- und Schnellstbomber

Noch heute wird vielfach angenommen, daß Hitler 1944, von einem Tag zum anderen, aus der Me 262 einen Bomber herstellen ließ. Doch die Realität sah und sieht wesentlich anders aus. Schon im März 1943 hatte er von der Notwendigkeit gesprochen, daß zukünftig jeder Jäger – bei Bedarf – kurzfristig als Jagdbomer einzusetzen sei. Aus dieser Weisung heraus begannen die Flugzeughersteller, ihre Jäger auch als Jabos zu entwickeln. Warum sollte es bei der Me 262 anders sein?

Am 2. November 1943 erklärte Prof. Messerschmitt offen, daß Bombenschlösser bei der Me 262 bereits vorgesehen seien. Zwei Wochen später – anläßlich der Vorführung der neuesten Flugzeuge in Insterburg – bejahte er gegenüber Hitler erneut die Verwendungsmöglichkeit als schneller Bomber. Dem RLM waren schon früher die entsprechenden Baubeschreibungen der Me 262 als Schnellstkämpfer zugegangen.

Die endgültige Entscheidung, ob der Strahler nun als Jäger oder Bomber kommen solle, wurde aber zunächst vertagt. Erst am 5. Dezember 1943 proklamierte Reichsmarschall Göring den ausdrücklichen Wunsch Hitlers nach Schnellstkämpfern, die die erwartete Invasion abwehren sollten. Vier Monate später, erst wenige Serienmuster waren montiert worden, wurde Generalfeldmarschall Milch angewiesen, die Entwicklung der Me 262 als Jäger nur noch auf "Sparflamme" voranzutreiben. Der Blitzbomber erhielt höchste Priorität!

Oben: Blitzbomber des Kommandos Schenk.

Obenrechts: Blitzbomber bei der Beladung mit SC

Rechts: Die "Wikingerschiff" genannten Bombenaufhängungen der Me 262-Blitzbomber.

Ehe jedoch die ersten Me 262 nach Rechlin-Lärz zur Bombererprobung am 10. Juni 1944 kamen, war die Invasion bereits voll im Gange. Die Umschulung der Besatzungen des KG 51 kam über zehn Tage zu spät. Auch jede andere Entscheidung hätte keinen Nutzen gehabt. Die wenigen Blitzbomber hätten als Jäger die Invasion wohl nicht abwehren können.

Am 26. Juni fand hierüber eine ausführliche Besprechung statt, in welcher Hitler aussprach: "Die Lage erfordert Jäger und nochmals Jäger, dazu Blitzbomber wie die Ar 234 und die Me 262."
Vier Tage danach kam es zur Streichung aller schweren Kampfflugzeuge. Um dennoch – trotz der alliierten Luftüberlegenheit – Bombenangriffe über Nordfrankreich zu fliegen, blieb es bei der Entscheidung in Sachen Blitzbomber.

Ab August 1944 wurde aber gleichzeitig jede zwanzigste Me 262 als reiner Jäger verwandt. Nach der Mitteilung der Brauchbarkeit als Jäger (12. September 1944), und den nur mäßigen Einsatzerfolgen des Kommandos Schenk, wurde ab dem 20. September das Schwergewicht wieder in den Jägerbereich verlagert.

Drei Monate zuvor, die vielzitierte "Blitzbomberentscheidung" war gerade in aller Härte spürbar geworden, fand am 8. Juni eine Konferenz zwischen dem RLM, den Herstellerfirmen und der Luftwaffe statt. Der Weg zum Schnellstbomber sollte hiernach in drei Stufen erfolgen:

a) Behelfsbomber (mit 2 Elektrischen Träger für cylindrische Lasten (ETC), ohne Bombenvisier)
b) Blitzbomber (mit 2 ETC, Bombenzielgerät (BZA) und Tiefwurfschleuderanlage (TSA))
c) Zweisitziger Schnellstbomber (mit Lotfe-Anlage)

Nach den Erfahrungen mit dem Behelfsbomber, dessen erstes Musterflugzeug die Me 262 S10 war, wurde ab November an den Serien-Blitzbombern gearbeitet. Die Erprobung des ersten Musterflugzeuges, der Werk-Nr. 130170, ergab einen Geschwindigkeitsverlust von nahezu 75 km/h. Der neue Blitzbomber mit zwei untergehängten Sprengbomben SC 250 war demnach nur noch 730 km/h schnell.

Oben: Me 262 A-2a des Kampfgeschwaders 51.

Links: Zwei Blitzbomber des KG 51 bei Kriegsende in Faßberg.

Neben den Tests mit der Me 262 A-2a (das "a" steht für Jumo-Triebwerke) wurden mannigfaltige Versuche bezüglich der Bewaffnung der Düsenmaschinen unternommen. So dachte man an den kombinierten Einsatz einer Ar 234 mit Hs 293-Gleitbombe und einer Me 262 A als Leitflugzeug. Auch die Mistelausführung, bestehend aus zwei aufeinandergesetzten Me 262 A-1/2 mit einem Startgewicht von über 17.000 kg, nahm nie konkret Formen an.
Lediglich der Schnellstbomber (SB), auch Me 262 A-3, später dann A-2a/U2 genannt, wurde noch realisiert. Einige Monate nach der Besprechung vom 15. Juli 1944 wurde die Me 262 A-2, Werk-Nr. 110484, mit einem verglasten Rumpfbug für den Bombenschützen versehen. Erste Bombenwürfe auf oberbayrische Seen, z. B. am 5. Dezember 1944, brachten gute Ergebnisse. Anfang 1945 wurde noch eine zweite Mustermaschine fertiggestellt. Die Werk-Nr. 110555 erhielt bereits die geplante Siemens-Kurssteuerung und diverse Meßgeräte. Nach insgesamt 23 Flügen ging diese Me 262 am 30. März 1945 bei Marburg/Lahn zu Bruch.

Oben:
Cockpit einer Me 262 A-1a mit Zusatzinstrumentierung.

Links:
Schlepp zweier Me 262, darunter eines Schnellstbombers (Me 262 A-2a), durch einen Opel Blitz-Tankwagen.

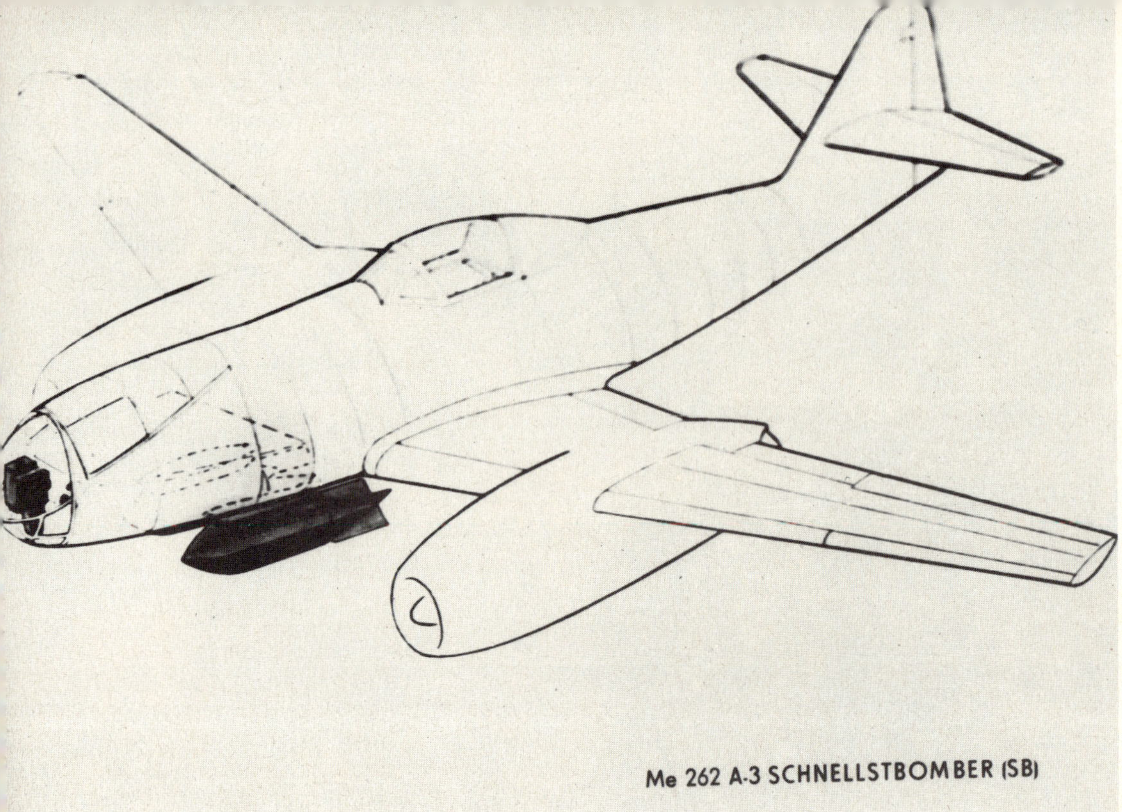

Links:
Zeichnung des geplanten Schnellstbombers Me 262 A-3 (entspricht: A-2a/U2).

Links unten:
Bruch der V 555 bei Marburg.

Unten:
Abtransport der V 555 durch alliierte Truppen.

Links:
Luftaufnahme des Einsatzhorstes Giebelstadt (22.03.45).

Rechts:
Volltreffer auf der Startbahn von Giebelstadt.

Oben: In Faßberg erbeutet und anschließend in England erprobt wurden diese Me 262.

Unten: Werk-Nr. 500079 am 4. April 1945 in Gieblstadt.

Oben: Me 262 A-1a/Bo, ein interessantes Schaustück für die GIs.

Unten: Dieselbe Maschine mit geöffneter Triebwerksverkleidung.

Oben: Zusammenbau von Rumpf- und Tragwerk unter freiem Himmel.

Unten: Die erste von den alliierten Truppen intakt erbeutete Me 262.

Oben: Nicht mehr zur Auslieferung gelangte dieses Strahlflugzeug.

Unten: Im April 1945 wurde diese Me 262 auf der Autobahn Ulm–München von Tieffliegern zerstört.

Die Kampfgeschwader im Jagdeinsatz

Nachdem der offensive Bombeneinsatz im Westen kaum mehr Erfolge brachte, begann man mit der Umschulung der Piloten für den Jagdeinsatz.
Beim KG 40 sollte die Umrüstung zum Jagdgeschwader bereits ab Herbst 1944 erfolgen. Durch schwere Luftangriffe, zum Beispiel auf Neuburg/Do., kam die Sache nur langsam voran.
Für die Piloten des Kampfgeschwaders 54 setzte der neue Einsatzabschnitt mit Fw 190 im August 1944 ein. Später folgte die Me 262. Das Geschwader KG(J) 54 sollte als bislang einziger Verband der Luftwaffe die alliierten Pulks im geschlossenen Angriff angehen und aufsprengen. Zusammen mit den Kolbenjägern würde die endgültige Vernichtung erfolgen.
Der erste Jagdeinsatz fand – infolge der zu spät zugewiesenen Me 262 – erst am 9. Februar 1945 statt. Leider wurden dabei die aufsteigenden Strahljäger von der 55th Fighter-Group angegriffen. Der Kommodore und ein Teil seiner Männer kehrten vom Feindflug nicht zurück. Major Bätcher übernahm kurz darauf die Führung. Ständige Tiefangriffe und zahlreiche Brüche mit dem ungewohnten Fluggerät sorgten dafür, daß die I. Gruppe des KG(J) 54 erst am 5. März einsatzklar war. Ein heftiger Luftangriff auf Giebelstadt verwandelte aber den Einsatzort in eine Kraterlandschaft. Nach einem weiteren Bombardement am 24. März 1945 mußte die Gruppe nach Mitteldeutschland verlegt werden. Dort kam es am 25. März, zusammen mit Flugzeugen des JG 7, zum ersten erfolgreichen Einsatz gegen viermotorige Bomber.
Doch schon der 9. April brachte einen Tiefpunkt in der Verbandsgeschichte. Von 21 Me 262 verlor das KG(J) 54 17 im Luftkampf oder durch Unfall.
Die Restteile des Verbandes verlegten daher Mitte April in den Raum Prag, von wo aus bis Kriegsende noch Jagd- und Schlachteinsätze geflogen wurden.

Der am 9. Februar 1945 im Luftraum gefallene Oberstleutnant Volprecht Riedesel Freiherr von Eisenbach, der Kommodore des KG(J) 54.

Maschinen der III./KG(J) 54 in Startaufstellung auf dem Flugplatz Neuburg.

OFw Gentzsch beim Überprüfen der beiden Jumo 004-Turbinen vor dem Start.

Besonders die Tiefangriffe gegen sowjetische Verbände und Bereitstellungen hatten verheerende Wirkung gezeigt. Die letzten Einsätze wurden im Mai 1945 durchgeführt, dann war der Treibstoff J2 aufgebraucht. Das Geschwader erhielt insgesamt 145 Me 262, von denen viele auch an die II. und III. Gruppe – zur Schulung – abgegeben wurden.
Das Kampfgeschwader 55 übte den Jägerangriff ab Mitte September 1944 mit Me 109 G-10 und K-4 sowie einigen Fw 190. Später flog man Tiefangriffe gegen die vordringenden Alliierten. Als der Treibstoff zu Ende ging, wurde die Kampfgruppe "Greif" gebildet. Me 262 erhielt das Geschwader keine mehr.

Einige der Düsenjäger kamen aber zum KG 6. Während die I./KG(J) 6 noch mit Me 109 G-6/10/14 schulte, wurden Piloten der III./KG(J) 6 mit der Me 262 vertraut gemacht. Zusammen mit den Flugzeugführern des Gefechtsverbandes Hogeback kamen sie über Böhmen und der Ostfront in den letzten Kriegstagen zum Einsatz.
Die Kampfgeschwader 27 und 30 bekamen ab Oktober 1944 zwar Me 109 G-10, K-4 und Fw 190 A-9, auch einige Doras waren dabei, die zugesagten Me 262 gingen jedoch an andere Verbände.

Oberleutnant Heinz Rall, ein Staffelkapitän der III./KG(J) 54, Februar 1945.

Me 262 A-1a des KG(J) 54 vor dem Start (B3+GR).

Als Fluglehrer fungierte OFw Gentzsch bei der III. Gruppe KG(J) 54, interessant ist der weiße Streifen unterhalb der Kabine und die Bugbemalung.

Oben:
Das Messerschmitt-Werk in Regensburg nach der allierten Bombardierung.

Unten:
Am Morgen nach dem Luftangriff:
Erding am 18. April 1945.

Die Waldfabrik von Obertraubling, nach der Zerstörung der Produktionsstätten kam es hier zum Neubeginn.

Neben der Reichsautobahn nach München fanden GIs diese beschädigte Me 262 A-1.

Produktion

Erst nach der Gründung des Jägerstabes gelang im März 1944 der Serienanlauf der Me 262. Gegen erheblichen Widerstand wurde eine rigorose Typenbereinigung durchgesetzt. Statt 67 Mustern mit 578 Unterversionen kamen nur noch 15 Baumuster in die Massenfertigung.
Das Mißtrauen gegen neuartige Technologien, insbesondere der des Strahlflugzeugs, wirkte sich lange mehr als nachteilig aus. Zusätzlich verzögerten alliierte Luftangriffe auf die einzelnen Messerschmitt-Werke sowie den Einflugbetrieb in Lechfeld (13. bis 16. Dezember 1943) die Auslieferung der Düsenjäger. Der krasse Mangel an geeigneten Facharbeitern führte außerdem zu Engpässen. So verließ erstmals im Juni 1944 eine nennenswerte Zahl von Me 262 die Einfliegerei. Es handelte sich um die 28 Maschinen, die der Aufstellung der Erprobungskommandos dienten.
Mit dem Anlauf der Serienproduktion kam es zur Einbeziehung vieler kleinerer und mittlerer Betriebe in das Herstellungsprogramm. Der Anlauf des geplanten Volksjägers He 162 hätte beinahe für eine Minderung der Ausbringung gesorgt.
Da jedoch der Jägerstab stärker für die Me 262 votierte, konnte die Produktion stetig gesteigert werden. 101 Me 262 im November 1944 legen dafür ein Zeugnis ab. Bis zum Jahresende 1944 wurden insgesamt 430 Me 262 produziert und davon 186 an die Luftwaffe ausgeliefert. Alle übrigen blieben in Reserve oder konnten noch nicht endmontiert werden. Im Frühjahr 1945 erreichte die Fertigung ihren Höhepunkt. Durch die ständigen Bombenangriffe mußten in jener Zeit die Werke ausgelagert werden. Es entstanden die Behelfswerke "Moorkultur" und "Waldmontage".
Insgesamt dürften um 1.400 Me 262 gebaut worden sein, von denen schließlich 809 die Luftwaffe erreichten.

Luftaufnahme vom Angriff amerikanischer Bomber auf das Messerschmitt-Werk in Augsburg.

"Waldmontage", so fanden alliierte Soldaten die gut getarnten Montagewerke vor.

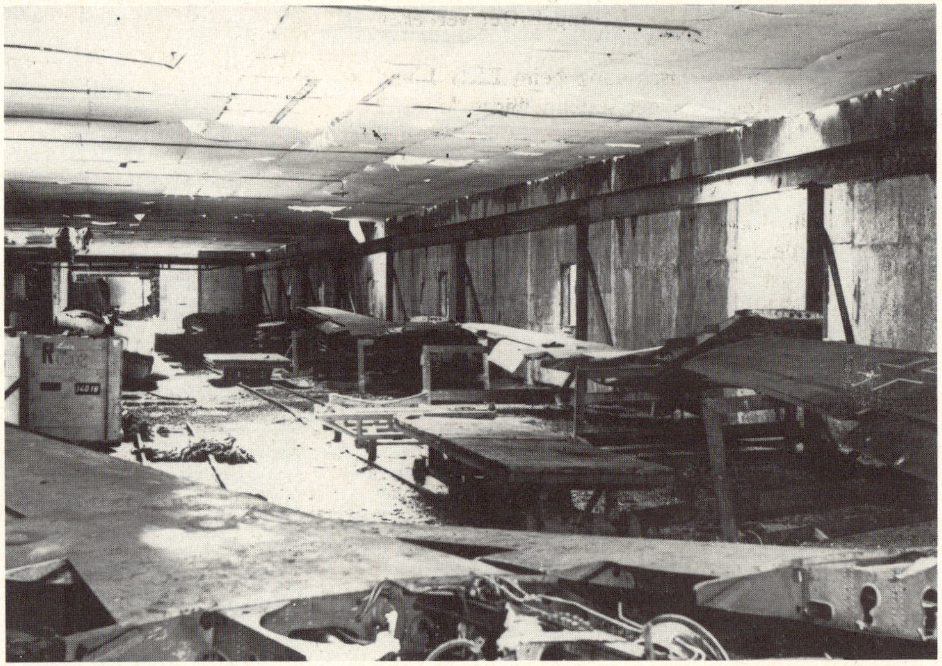

Das Schulflugzeug

Die neue Technik des Strahlflugzeuges verlangte geradezu nach einem geeigneten Schulungszweisitzer. Schon am 23. April 1943 faßten die Techniker der Deutschen Lufthansa (DLH) in Berlin-Staaken gleich den Umbau von vorläufig 60 A-1a ins Auge.
Als Musterflugzeug versah man die fünfte Serienmaschine (Werk-Nr. 130010) mit einem zweiten Sitz, Doppelsteuer und einer modifizierten Tankanlage. Infolge der alliierten Invasion in der Normandie benötigte die Luftwaffe aber jede greifbare Me 262 für den Kampfeinsatz. Für Schulflugzeuge blieb da wenig Raum. So konnten nur rund vier Trainer bei der DLH und etwa 15 bei Blohm & Voss in Wenzendorf umgerüstet werden. Ein schwerer Luftangriff auf den Umrüstbetrieb in Wenzendorf sorgte am 7. Januar 1945 für das endgültige Aus in Sachen Me 262 B-1a. Lediglich zwei Doppelsitzer verließen von da an noch das Werk.
So blieb es bei der Umschulung beim EKG 1 und EJG 2 in der Regel bei der serienmäßigen Me 262 A-1a oder A-2a. Über eine nennenswerte Anzahl von Düsenjägern für Übungszwecke verfügte allerdings nur die III.(Erg.)/JG 2 in Lechfeld, deren Führung im Frühjahr 1945 von Major Heinz Bär übernommen wurde.
Durch das Ausbleiben der Schulflugzeuge kam der Flugschüler nach der theoretischen Ausbildung gleich auf die Einsatzmaschine. Dem Fluglehrer blieben nur Instruktionen über FT. Die zahlreichen Unfälle und Abstürze lassen sich so leicht erklären. Nach nur acht bis zehn Flügen war die Umschulung bereits abgeschlossen. Alles weitere war Sache des Einsatzverbandes. Daneben flog das Ausbildungspersonal scharfe Einsätze. Major Bär begann am 19. März 1945 seine Abschußserie mit der Me 262. Den letzten seiner mehr als 16 Luftsiege mit dem Düsenjäger errang er mit der einzigen verfügbaren Me 262 A-1a/U1, dem Jäger mit der Mischbewaffnung aus MG 151/MK 103/108.

Oben: Der in Lechfeld erbeutete Zweisitzer des Typs Me 262 B-1a.

Unten: Im Juni 1945 wurden diese Me 262 zur Überführung nach Cherbourg bereitgestellt.

Oben:
Blick in das Cockpit der in Willow-Grove stehenden Schulmaschine Me 262B-1a.

Links oben:
Bereits amerikanische Kennzeichen erhielt diese Me 262 B-1a in Lechfeld.

Links:
Zwischenlandung der Maschine in Melun im Sommer 1945.

Rechts:
Die "Weiße 2", ein Flugzeug des EKdos. Lechfeld.

Links:
Ebenfalls in Lechfeld war die "weiße 5" stationiert.

Das Jagdgeschwader 7

Durch die Umgliederung der Luftwaffenverbände im Westen traten starke Verzögerungen bei der Aufstellung des JG 7 ein. Erst im November 1944 begann daher die Geschichte des Geschwaders. Unter Einbeziehung der Flugzeugführer des ehemaligen Kommandos Nowotny wurden der Geschwaderstab und die III. Gruppe zügig aufgestellt. Einsatzerfolge gelangen den Piloten sodann vor allem im Großraum Berlin und über Mitteldeutschland. Es folgten Abwehrkämpfe gegen alliierte Bomberpulks, die in zahlenmäßig kaum vergleichbaren Mengen am Himmel auftraten. Mitte April 1945 wurde aus dem Geschwader der Gefechtsverband JG 7 gebildet, der sich nach Prag zurückziehen mußte, da die USAAF die bisherigen Liegeplätze nun fast täglich aus der Luft angriff und den Flugbetrieb behinderte.
Die I./JG 7 wurde in Kaltenkirchen bei Hamburg aufgestellt. Es dauerte jedoch bis zum März 1945, ehe die Gruppe mit 30 Me 262 in den Einsatz gehen konnte. Erste Gefechte zwischen viermotorigen Bombern und raketenbestückten Me 262 A-1a/R1 über Norddeutschland brachten mehr als Überraschungserfolge. Schließlich wurde auch diese Gruppe über Mitteldeutschland nach Prag verlegt. Zusammen mit den Flugzeugführern des Gefechtsverbandes Hogeback nahm man dort den Jagdeinsatz wieder auf und flog erfolgreich Tiefangriffe gegen die vordringenden sowjetischen Armeen.
Die II. und IV. Gruppe bestanden kaum mehr als auf dem Papier. Im Mai 1945 sollte der JV 44 (Galland) als vierte Gruppe zum Geschwader stoßen.
Mit der Me 262 errang das JG 7 in den wenigen Monaten seines Bestehens vermutlich mehr als 500 Luftsiege. Auf jede verlorengegangene Me 262 kamen etwa 3,7 Feindflugzeuge.

Die ”gelbe 8”, Werk-Nr. 112385, wurde im April 1945 in Mitteldeutschland erbeutet.

Maschinen des JG 7, die von Flugplätzen im Raum Berlin häufig zum Einsatz kamen.

Oben:
Die "Weiße 3" des Ofhr. Mutke, der am 24. April wegen Treibstoffmangels in der Schweiz landete.

Oben:
Eine Aufnahme aus der Bordkamera eines Begleitjägers: Me 262 (oben links) gegen B-24.

Links:
Intakt wurde diese Me 262 von den Westalliierten übernommen.

Oben:
Die "rote 1" rollt zum Start.

Rechts:
In Ebendorf nahe Magdeburg blieb bei Kriegsende die "weiße 4" stehen (rechts).

MESSERSCHMITT ME 262

Baumuster	Kennung	Werk-nummer	Erstflug	Letzter Halter	Bemerkungen
Me 262 V1	PC+UA	–	27.03.1942	Mtt AG	Absturz 07.06.1944
Me 262 V2	PC+UB	–	01.10.1942	Mtt AG	Absturz 18.04.1943
Me 262 V3	PC+UC	–	17.07.1942	Mtt AG	Luftangriff September 1944
Me 262 V4	PC+UD	–	15.05.1943	Mtt AG	Bruch 26.07,1943
Me 262 V5	PC+UE	–	07.06.1943	Mtt AG	Absturz 01.02.1944
Me 262 V6	VI+AA	130001	17.10.1943	Mtt AG	Absturz 08.03.1944
Me 262 V7	VI+AB	130002	20.12.1943	Mtt AG	Absturz 19.05.1944
Me 262 V8	VI+AC	130003	15.12.1942	1./KG 51	Fronteinsatz
Me 262 V9	VI+AD	130004	19.01.1944	A.L. *)	Noch flugklar 1945
Me 262 V10	VI+AE	130005	01.04.1944	EK 262	Noch flugklar 1954
Me 262 S1	VI+AF	130006	März 1944	EK 262	Beschädigt April 1944
Me 262 S2	VI+AG	130007	April 1944	EK 262	Beschädigt Juni 1944
Me 262 S3	VI+AH	130008	April 1944	EK 262	Beschädigt April 1944
Me 262 S4	VI+AI	130009	Mai 1944	Mtt AG	Beschädigt April 1944
Me 262 S5	VI+AJ	130010	Mai 1944	KDE **)	Absturz 08.10.1944
Me 262 S6	VI+AK	130011	Mai 1944	EK 262	Beschädigt Mai 1944
Me 262 S7	VI+AL	130012	Mai 1944	?	Produktion Leipheim
Me 262 S8	VI+AM	130013	Mai 1944	Mtt AG	Luftangriff 19.07.1944
Me 262 S9	VI+AN	130014	Mai 1944	?	Produktion Leipheim
Me 262 S10	VI+AO	130015	Mai 1944	Mtt AG	Noch flugklar 1945
Me 262 S11	VI+AP	130016	Mai 1944	?	Produktion Leipheim
Me 262 S12	VI+AQ	130017	Mai 1944	EK 262	Bruch Oktober 1944
Me 262 S13	VI+AR	130018	Juni 1944	KDE **)	Bruch Oktober 1944
Me 262 S14	VI+AS	130019	Juni 1944	1./KG 51	Fronteinsatz
Me 262 S15	VI+AT	130020	Juni 1944	EK 262	Beschädigt Januar 1945

*) Autobedarf Lechfeld
**) Erprobungsstelle Rechlin-Lärz

Links:
Seitenansicht und Aufschnitt eines Jumo 004-Strahltriebwerks.

Die Werk-Nr. 501232 gehörte zu dem kaum bekannten Industrie-Schutz-Schwarm (ISS) 1 (oben und rechts oben).

Rechts:
Noch einmal die ”Weiße 3”, Mai 1945.

Der Jagdverband Galland (JV 44)

Im Jahre 1944 mußte nach geeigneteren Abwehrmaßnahmen gegen die alliierten Bomberverbände gesucht werden. Neben den Sturmgruppen wollte General Galland zum "Großen Schlag" ausholen, indem Hunderte von Jägern einem einzigen Bomberverband entgegenflogen. Nach der Operation Bodenplatte fehlten hierzu jedoch die notwendigen Flugzeuge. Kontroversen mit Göring wurden ab Ende 1944 unübersehbar. Adolf Galland wurde als General der Jagdflieger abgelöst und am 24. Februar 1945 der Jagdverband 44 aufgestellt. Ende März konnte die Umschulung auf Me 262 abgeschlossen werden. Der Verband verlegte nach München-Riem und bestand dort seine Luftkämpfe über Süddeutschland.
In den ersten Apriltagen gelangen den von den Jagdgeschwadern 2, 6, 7, 26 sowie den Schulverbänden JG 101 bis 105 stammenden Piloten mehr als sieben Luftsiege.
Am 9. April 1944 fand ein Luftangriff auf Riem statt, der für eine kurze Unterbrechung der Einsätze sorgte. Elf Tage später waren die ersten Me 262 mit R4M-Rosten, am 20. April, einsatzklar. Der an jenem Tag angegriffene B-26-Verband verlor nachweislich ein halbes Dutzend seiner mittleren Bomber.
Am 26. April gelang den Warten letztmals eine nennenswerte Zahl von Strahlern klar zu melden. Unter der sachkundigen Führung von General Galland und Major Bär könnten weitere fünf Erfolge verbucht werden. Nach Einsätzen von der Reichsautobahn aus mußte sich der Verband am 1. Mai 1945 nach Salzburg und Innsbruck zurückziehen.
Während nur eines Monates wurden – bei nur geringen Eigenverlusten – mehr als 45 Luftsiege errungen.

Eine der wenigen Me 262 A-1a des JV 44, die in den Raum Innsbruck überführt wurden.

Einsatzfolge der ME 262

	Luftsiege
Stab und III./JG 7	450
I. und II./JG 7	70
10./NJG 11 (Kdo. Welter)	50
Jagdverband 44	55
III.(Ergänzungs)/JG 2	40
IV.(Ergänzungs)/KG 1	5
Kommando Nowotny	25
Erprobungskommando 262/Kdo. Thierfelder	10
I. und II./KG(J) 54	15
I. und II./KG 51	5

(Teilweise Näherungswerte)

Oben:
Diese Me 262 A-1a wurde vermutlich auch von Oberstleutnant Bär beim JV 44 geflogen.

Rechts:
Zum JV 44 gehörte diese Me 262 mit der Werk-Nr. 111857 in Österreich 1945 (unten).

Die Hochgeschwindigkeitsjäger

Als konstruktive Gundlage für den Bau neuer Flugzeuge und zur Information des RLM wurden seitens der Firmen sog. "Projektübergaben" angefertigt. Die vier ersten Projektübergaben zur Me 262 befaßten sich mit der Gestaltung der frühen V-Muster und dem späteren Serienmuster. Erst die Fünfte bedeutete eine umfassende Verbesserung des Grundentwurfs. Mittels erheblicher Veränderungen an Kabine, Leit- und Tragwerk wollte man in den Bereich von Mach 0,83 vordringen. Der erste Schritt hierzu war die Umrüstung der Me 262 V9 zum Hochgeschwindigkeitsjäger der Stufe I, kurz HG I genannt. Das Muster erhielt die vielzitierte "Rennkabine" und ein modifiziertes Leitwerk mit einer Pfeilung von 40 Grad.

Beim Hochgeschwindigkeitsjäger (HG) II-Jäger sollte die Flächenpfeilung zusätzlich auf 35, beim HG III sogar auf 45 Grad erhöht werden. Das letztgenannte Jagdflugzeug hätte zudem wesentlich anders als die üblichen Me 262 ausgesehen. Die beiden Strahlturbinen rückten – laut Planung – nahe an den Rumpf heran, die Fahrwerke waren zu verlegen. Die neu gestalteteten Flächen gaben dem Flugzeug ein überaus schnittiges Aussehen und die Möglichkeit, im Geschwindigkeitsbereich um 950 km/h zu operieren. Soweit die konstruktive Phase. Allein für die Umrüstung der Me 262 benötigte man Monate.

Um die Jahreswende 1944/45 standen in Lechfeld die Umrüstteile für den HG II-Jäger bereit. Doch ehe es zum Erstflug der Werk-Nr. 111538 kam, wurde der zweite Hochgeschwindigkeitsjäger von einem anderen Strahler in Lechfeld beschädigt. Eine Reparatur konnte wegen fehlender Teile nicht mehr beendet werden.

Der HG III-Entwurf blieb vollends Projekt.

Der zum Hochgeschwindigkeitsjäger (HG I) umgebaute neunte Prototyp der Me 262.

Zeichnungen der geplanten HG III-Jagdflugzeuge.

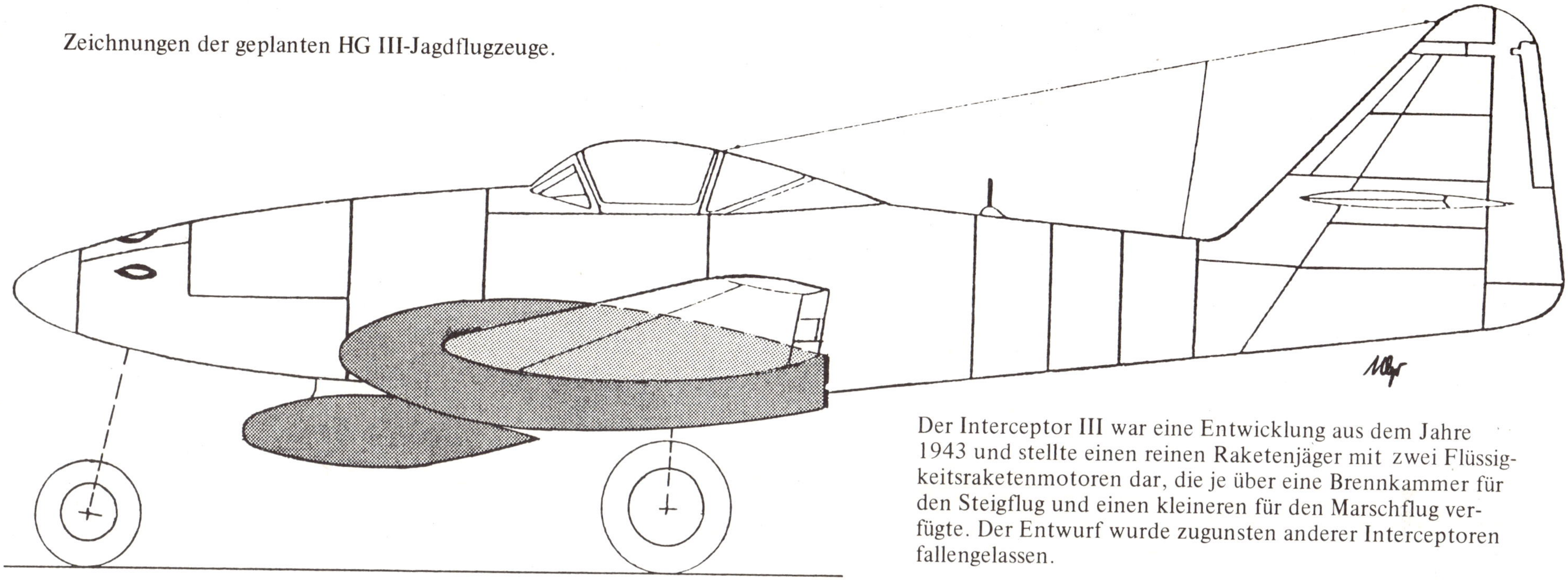

Der Interceptor III war eine Entwicklung aus dem Jahre 1943 und stellte einen reinen Raketenjäger mit zwei Flüssigkeitsraketenmotoren dar, die je über eine Brennkammer für den Steigflug und einen kleineren für den Marschflug verfügte. Der Entwurf wurde zugunsten anderer Interceptoren fallengelassen.

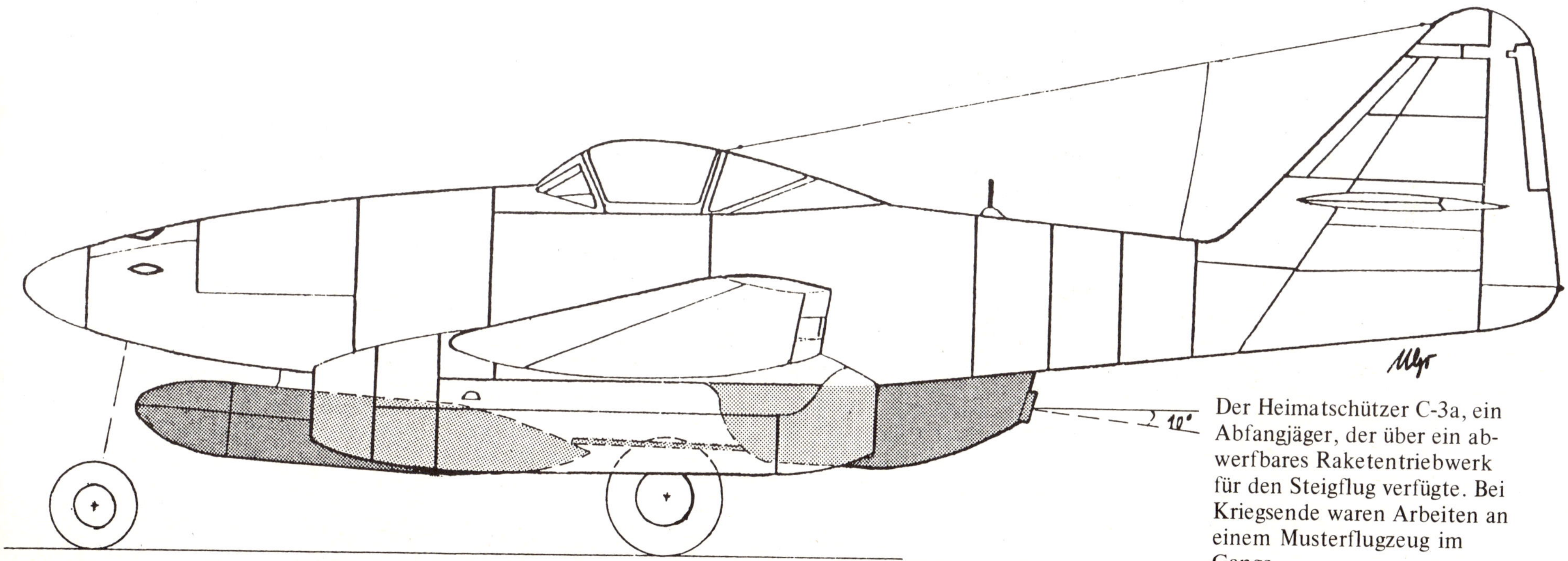

Der Heimatschützer C-3a, ein Abfangjäger, der über ein abwerfbares Raketentriebwerk für den Steigflug verfügte. Bei Kriegsende waren Arbeiten an einem Musterflugzeug im Gange.

Sturmflugzeuge und Pulkzerstörer

Während des Zweiten Weltkrieges kam es bei der Luftwaffe zur ständigen Erhöhung des Bordwaffenkalibers. Der Weg vom MG 15 führte über das MG 151 und die MK 108 geradewegs zur MK 213. Aber noch 1944 wies die MK 108 erhebliche Mängel auf. Bei den Bewaffnungsexperten begannen daher Überlegungen, die Me 262 mit einer anderen Bugbewaffnung zu versehen. Neben verschiedenen Jägern mit Mischbewaffnung entstand so der Entwurf der Me 262 A-4, die spätere A-1a/U1.

Wie bei vielen Baureihen wurde wegen der Kriegsereignisse nur ein Musterflugzeug 1945 fertiggestellt. Als schließlich stärkere Triebwerke serienreif wurden, widmete man sich wieder der sechsrohrigen Bugkanzel mit MK 108 (A-1a/U5). Außerdem gingen die Konstrukteure daran, die wohl bestbewaffnete Me 262 A ins Werk zu setzen, eine Maschine mit vier MK 213/30 und zusätzlich 24 R4M-Geschossen.

Ab Sommer 1943 wurde die Bordkanone BK 5 in einige Me 410 eingebaut. Die Zurüstung dieser Waffe sollte ab Dezember 1944 auch bei der Ar 234, Do 335 und letztlich bei der Me 262 stattfinden. Am 15. Dezember 1944 fiel in diesem Bereich eine Grundentscheidung. Nachdem sich herausgestellt hatte, daß vorläufig nicht mit den MK 112/412 zu rechnen war und die BK 5 nicht in Frage kam, sollte die MK 214 nun in den Strahljäger eingebaut werden. Hitler selbst sprach sich am 20. Januar 1945 hierfür aus. Erste Schußversuche am 28. Februar 1945 brachten berechtigte Hoffnungen. Die Rumpfspitze mit der MK 214V2 traf dann am 11. März in Oberammergau ein, um dort mit der Zelle der Werk-Nr. 111899 verbunden zu werden. Es war die erste Me 262 A-1a/U4. Bis zum 31. März fanden insgesamt 19 Flüge mit dem Pulkzerstörer statt. Anfang April folgte noch eine zweite Maschine, mit der Major Herget am 16. April 1945 einen Pulk B-26-Bomber angriff.

Um die Jahreswende 1944/45 begann auch das Zeitalter des raketenbewaffneten Düsenjägers konkrete Formen anzunehmen. Neben ersten Versuchen mit zwei WGr 21 an den Rumpf-ETC durch Major Sinner bei der III./JG 7 gewannen die R4M-Projektile immer mehr an Bedeutung. Die von Hauptmann Kiefer entwickelten Verschußroste wurden im Frühjahr 1945 in Parchim getestet. Das Ziel, eine Savoia SM 81, bestand danach nur noch aus Schrott.

Die geöffnete Waffenverkleidung und das abgeänderte Fahrwerk der Me 262 A-1a/U4 zeigt dieses Foto vom Sommer 1945.

Linke Seite: Die Werk-Nr. 170083, einer der beiden Pulkzerstörer nach der Ankunft in Melun/Frankreich.

Als erste Einheit des Jagdgeschwaders 7 erhielt die 11. Staffel die Raketen. Am 19. März 1945 fand die Premiere statt. Bei einem alliierten Einflug schoß ein Gefechtsverband des JG 7 mehr als sechs Viermotorige ab.
Auch eine zweite Bordrakete war 1945 fast bis zur Serienreife gelangt, die Kramer X-4. Es war ein drahtgelenktes Projektil, das, so ein Vorschlag vom 20. Dezember 1944, von bis zu sechs Abschußschienen unter der Me 262 gestartet werden sollte. Ein Versuch mit der Me 262 A-1a, Werk-Nr. 111994, gegen eine erbeutete B-24 bewies die Zerstörungskraft dieser Luft-Luft-Rakete. Alle übrigen Sonderwaffen wurden entwicklungsmäßig nicht mehr abgeschlossen.
Als besondere Möglichkeit, die Bomberpulks wirkungsvoll zu bekämpfen, war das Panzerflugzeug I/II ausersehen. Wie bei den sehr erfolgreichen Fw 190-Sturmjägern sollte dabei die Zelle der Me 262 stark gepanzert werden. Das Startgewicht stieg dadurch auf 7.300 kg. Als Bewaffnung standen vier Wurfgranaten (WGr.) 21 sowie vier MK 108 zur Verfügung. Infolge des höheren Gewichtes sank jedoch die Flugzeit dieser Ausführung um etwa 25 Prozent. Musterflugzeuge waren angeblich Ende 1944 im Bau. Die Leistungsverschlechterung ließ aber einen Einsatz unklug erscheinen.

Startvorbereitungen in Lechfeld, 1945.

Baureihenübersicht zur Me 262

Me 262 A-1a	Strahljäger mit zwei Jumo OO4B
Me 262 A-1b	Strahljäger mit zwei BMW 003A
Me 262 A-1a/R1	Strahljäger entspr. Me A-1a mit zusätzlicher R4M-Bewaffnung
Me 262 A-1a/Bo	Behelfsblitzbomber
Me 262 A-1a/U1	Strahljäger mit Mischbewaffnung bestehend aus je zwei MK 103, MK 108 und MG 151 (Geplante Serienausführung) Strahljäger mit
Me 262 A-1a/U2	Schlechtwetterjäger mit FuG 125
Me 252 A-1a/U3	Unbewaffneter Aufklärer, Umbau aus Me 262 A-1a
Me 262 A-1a/U4	Schwerer Strahljäger mit MK 214
Me 262 A-1a/U5	Schwerer Strahljäger mit sechs MK 108 als Bugbewaffnung
Me 262 A-2a	Blitzbomber (BB) mit auf zwei MK 108 reduzierten Bewaffnung
Me 262 A-2a/R2	Blitzbomber mit verstärkter Panzerung
Me 262 A-2a/U1	Blitzbomber mit TSA-Anlage
Me 262 A-2a/U2	Zweisitziger Schnellstbomber (Lotfe-Bomber)
Me 262 A-3a	Panzerflugzeug I und II
Me 262 A-4a	Provisorische Bezeichnungen für Me 262 Aufklärer der Ausführung A-1a/U3 und den Jäger mit Mischbewaffnung der Ausführung A-1a/U1
Me 262 A-5a	Bewaffneter Aufklärer
Me 262 B-1a	Zweisitziges Schulflugzeug
Me 262 B-1a/U1	Zweisitziger Behelfsnachtjäger
Me 262 B-2a	Zweisitziger Nachtjäger mit Jumo 004B
Me 262 C-1a	Abfangjäger mit zwei Jumo 004B und einem Hans Walter Kiel-(HWK)Triebwerk (Heimatschützer I)
Me 262 C-2b	Abfangjäger mit zwei BMW 003R (Heimatschützer II)
Me 262 C-3a	Abfangjäger mit zwei Jumo 004B und einem HWK unter dem Rumpf
Me 262 D-1	Provisorische Bezeichnung für Me 262 C-2b
Me 262 E-1	Provisorische Bezeichnung für Me 262 A-1a/U4
Me 262 S	Nullserienmuster der Me 262 A-1a
Me 262 V	Versuchsmuster der Me 262
Me 262 W	Provisorische Bezeichnung für Me 262 mit Pulsostrahlantrieb

Unten:
Zeichnung aus einer Angebotsbeschreibung für zusätzliche Verwendungszwecke der Me 262 (unten).

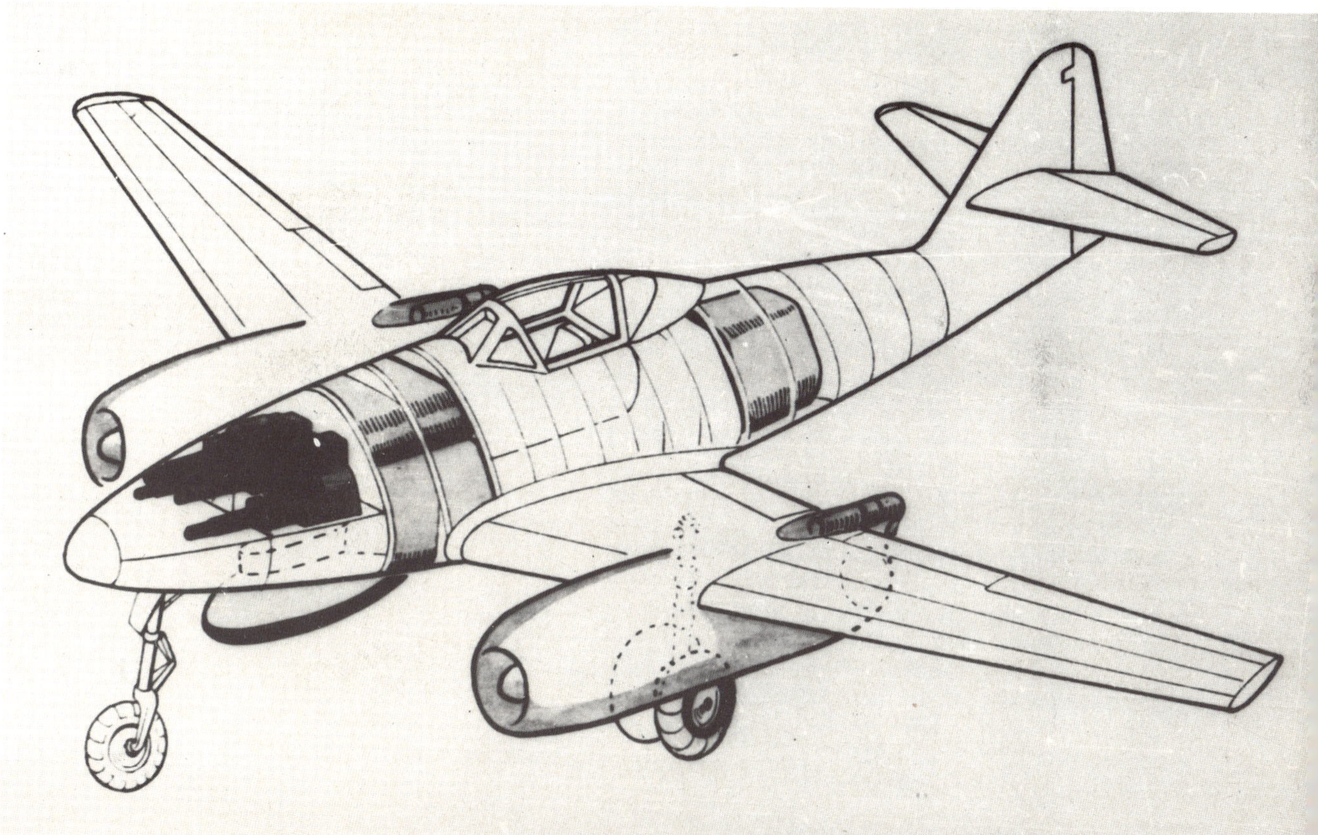

Me 262 C-2 HEIMATSCHÜTZER II

Me 262 C — Die Interceptoren

Die Me 262-Abfangjäger gehören zu den Bereichen der deutschen Luftfahrtgeschichte, über die bislang kaum fundierte Tatsachen bekannt wurden.
Bereits im April 1941 kam es wegen des Projektes mit zusätzlichem Raketenantrieb zu wichtigen Besprechungen. Die Verwendung von HWK-Aggregaten sollten die späteren Düsenjäger in die Lage versetzen, erfolgreich gegen Höhenbomber und im Objektschutz zum Einsatz zu kommen.
Es dauerte aber bis zum 20. Juli 1943, ehe die Projektbeschreibung des Interceptors I (Maschine mit RII 211/3-Raketenmotor im Heck) dem RLM vorgelegt werden konnte.
Für den Musterbau nahm man die Me 262 A-1a, Werk-Nr. 130186. Nach Einbau der Treibstoffanlage und des dritten Triebwerks, begannen zahlreiche Probeläufe. Die Anlage wurde schrittweise verbessert. Einen Rückschlag gab es durch die Beschädigung der Treibstoffanlage am 29. Januar 1945. Nach der Reparatur fand am 15. Februar 1945 durch Major Heinz Bär der Erstflug statt. In nur 2,5 Minuten stieg die erste Me 262 C-1a – mit Raketenhilfe – von 6.000 auf 14.700 Meter Flughöhe. Der offizielle Erstflug erfolgte am 27. Februar durch den Werkspiloten G. Lindner, der in drei Minuten auf 8.000 Meter über Lechfeld aufstieg. Bis zum 22. März hatte das Flugzeug sechs Starts hinter sich, ehe es von alliierten Tieffliegern beschädigt und nicht mehr aufgerüstet wurde.
Die zweite Sonderversion stellte der Interceptor Me 262 C-2b mit zwei auf den BMW 003-Triebwerken aufgebauten Raketenmotoren dar. Wie bei dem Interceptor I kostete die Entwicklung der zusätzlichen Triebwerksanlage viel Zeit. Der Projektbeschreibung vom September und den Vorbesprechungen vom November 1943 folgten endlose Serien von Prüfstandsläufen und Versuchen. Schließlich wurde ab dem 20. Dezember 1944 ein erstes Musterflugzeug, die Werk-Nr. 170074 umgebaut.
Ständige Probleme mit der Kraftstoffanlage und den beiden Aggregaten verzögerten die Arbeit sehr. So explodierte am 25. Januar 1945 die rechte Brennkammer, am 21. Februar brannte das linke Zusatztriebwerk; Undichtigkeiten an den Kraftstoffleitungen und Triebwerkwechsel folgten. Endlich, am 23. März 1945 war es soweit. Ein abschließender Kontroll-Lauf ging ohne weitere Schwierigkeiten über die Bühne. Der Erstflug folgte am 26. März 1945. Mit einer Steiggeschwindigkeit von etwa 120 m/sec. stieg der zweite Heimatschützer in nur 1,5 Minuten bis auf 8.200 Meter. Drei Tage darauf führte man bei Messerschmitt einen zweiten und gleichzeitig letzten Testflug in Lechfeld durch. Die TLR-(Triebwerk mit Raketenzusatzgerät)Forschung mußte danach auf höheren Befehl eingestellt werden.
Zu erwähnen sind noch die Heimatschützer III oder die Me 262 C-3a, die Maschine mit abwerfbarem Raketentriebwerk und zwei 600 Liter fassenden Abwurfbehältern. Der Musterbau dieses Flugzeuges wurde ebenfalls Ende März 1945 eingestellt. Außerdem arbeitete Prof. Sänger an auf die Jumo 004-Triebwerke aufsetzbare Staustrahlrohre.
Obwohl alle diese Projekte der Me 163 weit überlegen waren, wurde die Serienreife nirgends erreicht, da die neuartige Technik nicht binnen kurzer Zeit beherrschbar wurde.

Die erste und einzige Me 262 C-1a, ein schnell steigender Interceptor.

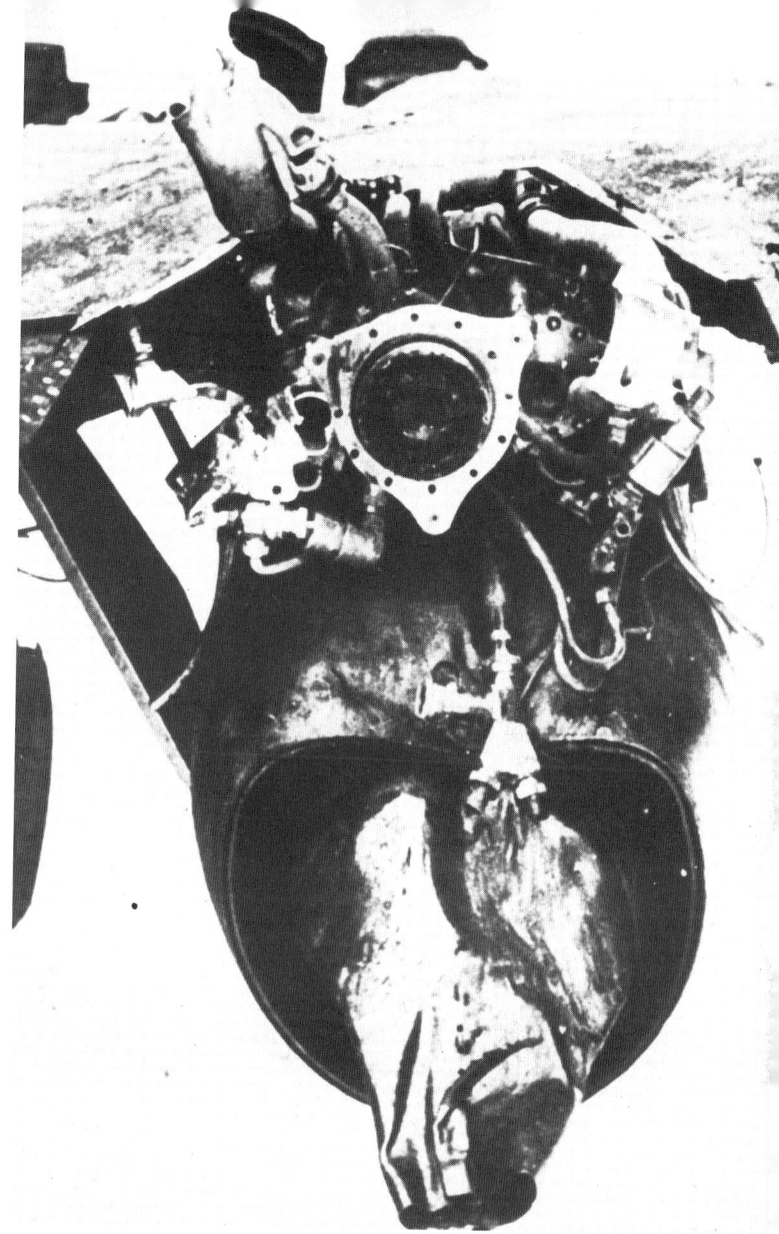

Oben:
Das zerstörte TLR-Triebwerk mit beschädigtem Tragflügel.

Links:
Triebwerksexplosion bei der Me 262 C-2b am 25. Februar 1945 in Lechfeld.

Die ersten Düsennachtjäger

Nach den schweren 1.000-Bomber-Angriffen und mit Beginn der Luftschlacht um Berlin nahmen die englischen Mosquitoeinflüge ab 1943 stark zu. Die Suche nach einem wirklich überlegenen Nachtjäger begann. Der Weg zum Hochleistungs-NJ Ar 234 B-2/N "Nachtigall" erwies sich jedoch als Sackgasse. Der Umbau von Schulflugzeugen des Typs Me 262 B-1a bot da schon andere Perspektiven. Aber erst im November 1944 wurde seitens des RLM die Fertigung des Behelfs-NJ Me 262 B-1a/U1 verfügt. Die Produktion dieser Maschinen sollte, so die Planung, in zwei Stufen erfolgen:

- Dem einsitzigen Nachtjäger Me 262 A-1a mit FuG 350Z und
- dem Zweisitzer B-1a/U1 mit FuG 218 als zweite Zwischenlösung, ehe es zur Verwirklichung der Me 262 B-2a käme.

Am 21. November 1944 wurde die Attrappe besichtigt und grundsätzlich gebilligt.

Mitte Februar 1945 lief der Reihenumbau bei der Deutsche Lufthansa in Berlin-Staaken an. Die Nachtjäger trugen die Werk-Nummern: 110305, 110306, 110630, 110375, 110378 und 111980. Die erste dieser Maschinen gelangte über die E-Stelle Rechlin schließlich zur 10./NJG 11. Diese Einheit war am 28. Februar 1945 aus dem Einmannbetrieb in Sachen Düsennachtjagd von OLt. Kurt Welter entstanden. Es begann im Dezember 1944, als zwei neue Erprobungskommandos aufgestellt wurden, eines mit der Ar 234 und eines mit dem Messerschmitt Strahljäger. Als Führer des Me 262-Kommandos hatte das OKL Kurt Welter bestimmt. Schon wenige Tage später, am 12. Dezember 1944, errang er seinen ersten NJ-Sieg mit der Me 262 A-1a. Anfang Januar 1945 schoß er zwei Mosquitos, kurze Zeit später einige Lancaster-Bomber ab. Am 22. März glückte der deutschen Düsennachtjagd ein bislang einmaliger Erfolg. Fünf DH Mosquitos konnten im Luftkampf bezwungen werden. Besonders bemerkenswert ist dabei die Tatsache, daß keine der eingesetzten Me 262 A-1a mit einem Nachtsichtgerät oder einer Funkmeßanlage ausgestattet war. Die Piloten verfügten lediglich über die normale Tagjägerversion mit geringfügig modifizierter Instrumentierung. Der einzige Einsitzer mit FuG 218, die Werk-Nr. 170056, diente meist Erprobungszwecken und kam daher kaum zum Einsatz.

Eine weitere Me 262 der Einheit Welters besaß sogar eine MG 151-Schrägbewaffnung hinter der Kabine, es handelte sich um die "rote 4".

Erst mit der Anlieferung der Me 262 B-1a/U1 sollte die funkmessunterstützte Nachtjagd aufgenommen werden. Ständige technische Störungen, besonders mit der Tankanlage, ließen bis Kriegsende nur etwa fünf scharfe Einsätze mit der B-1a/U1 zu. Dabei kam

Der Nachtjagderprobungsträger Me 262 A-1a, Werk-Nr. 170056 nach einer Bruchlandung Anfang 1945. Beachtenswert die beiden Antennen des FuG im Flügel.

es zum Abschuß einiger DH Mosquitos, an denen auch OLt. Welter beteiligt war.
Mitte März verringerten sich die Treibstoffreserven der 10./NJG 11 zusehens. Zudem flogen die Piloten in den folgenden Wochen auch Tiefangriffe mit der Me 262.
In den fünf Monaten des Bestehens des Kdos. Welter sowie der 10./NJG 11 errangen er und seine Männer bei 70 Einsätzen um 50 Luftsiege. Hierzu zählten allein 35 Mosquitos. Kurt Welter brachte es auf über 25 Luftsiege mit der Me 262 und ist damit der erfolgreichste deutsche Strahlerpilot.
Obwohl 1945 kaum mehr an die Verwirklichung der stark verbesserten Nachtjäger auf der Basis der Me 262 zu denken war, ging die Konstruktion unbeirrt weiter. So soll die erste Serienmaschine des Typs Me 262 B-2a noch Mitte April, also wenige Tage vor Einnahme des Werks der Metallbau AG Offingen, endmontiert worden sein. Andere Nachtjäger mit HeS 11 oder PTL-(Propellerturbinen)Antrieb und Bremen-O-Radar blieben unverwirklicht.

Oben:
Einer der Behelfsnachtjäger des Kommandos Welter (10./NJG 11) mit englischer Kennung.

Rechts:
Die ehemalige "rote 10" der 10./NJG 11 in St. Dizier.

Nahaufklärer

Bei Messerschmitt wurden Strahlaufklärer bereits 1941 konstruiert. Doch erst im Juni 1943 sprach sich der General der Aufklärungsflieger für diese schnellen Maschinen aus. Es folgten die Aufklärerprojekte I, Ia und II. Da die Serienfertigung der Me 262 auf sich warten ließ, blieb es bei Vorschlägen und Entwürfen. Der erste Behelfsaufklärer (Me 262 A-1a/U3) entstand im Sommer 1944 aus der Werk-Nr. 170006 und erhielt zwei Reihenbildgeräte Rb 50/30 im Rumpfbug.

Unter Führung des RK-Trägers Hauptmann Braunegg wurde ein Einsatzerprobungskommando aufgestellt. Einige seiner Aufklärer wurden bereits behelfsmäßig mit einer Maschinenkanone 108 als Verteidigungswaffe ausgerüstet. Der Einbau erfolgte in der äußersten Rumpfspitze.

Im Spätsommer 1944 sollte dann die gesamte Nahaufklärungsgruppe 6 auf Me 262 umgerüstet werden. Bis Januar 1945 fanden jedoch nur vier Strahlflugzeuge zur NAG 6; weitere Maschinen erhielt das Kommando Braunegg. Schließlich wurde die Erprobungseinheit in die 2./NAG 6 eingegliedert und so die Gruppe verstärkt. Allein über Westeuropa wurden nun mehr als 50 taktische Aufklärungsmissionen geflogen, die wertvolle Erkenntnisse über die eigene Führung erbrachten. Einige der Flüge führten in den südenglischen Raum. Daneben operierte ein gemischtes Einsatzkommando – bestehend aus Ar 234 B-1 und Me 262 A-1a/U3 – von Norditalien aus.

Bis April 1945 verfügte das NAG 6 trotz aller Anstrengungen erst über ein Drittel der vorgesehenen Flugzeugausstattung, obwohl etwa 35 Me 262 als Aufklärer umgerüstet wurden. Ein Teil ging infolge Luftangriffen verloren; die letzten Maschinen wurden von alliierten Truppen bei Kriegsende in Lechfeld erbeutet.

Vor einem der Strahlaufklärer stellt sich Kommando Col. Watsons zum Abschiedsfoto, Lechfeld, 10. Juni 1945. Unter ihnen Karl Baur und Ludwig Hofmann.

Technische Daten

Baumuster		Me 262 A-1a	Me 262 B-2a	Me 262 C-1a
Verwendung		Jagdflugzeug	Nachtjäger	Abfangjäger
Besatzung		1	2	1
Spannweite	m	12,501	12,501	12,501
Länge	m	10,605	11,752	10,605
Höhe	m	2,850	2,850	2,850
Spurweite	m	2,550	2,550	2,550
Flügelfläche	m^2	21,700	21,700	21,700
Leergewicht	kg	4.364	4.760	4.550
Fluggewicht	kg	6.938	7.700	8.195
Höchstgeschwindigkeit	km/h	870 in 6 km Höhe	785 in 6 km Höhe	885 (ohne Raketentriebwerk)
Höchstgeschwindigkeit	km/h	865 in 9 km Höhe	710 in 9 km Höhe	900 in 12 km Höhe
Steigzeit auf 6 km Höhe	min	6,80	10,00	2,55
Steigzeit auf 9 km Höhe	min	13,00	17,80	4,08
Flugzeit	min	70	145	40 in 12 km Höhe
Reichweite	km	960	1.300	745 in 12 km Höhe
Dienstgipelhöhe	m	11.450	10.500	12.000+

Me 262 - ERPROBUNGSTRÄGER

Werk-Nr.	Kennung	Erprobungsaufgaben	Bauart
110484	+	Lotfekanzel, Kurssteuerung	A-2a/U2
110555	+	Lotfekanzel II, Peilversuche	A-2a/U2
111355	+	Waffenanlage mit 6 mk 108	A-1a/U5
111538	+	Hochgeschwindigkeitsjäger	HG II
111857	+	Verbesserte Serienmaschine	–
111899	+	Waffenanlage mit MK 214	A-1a/U4
111994	+	Raketenträger WGr. 21, R 100	A-1a
130018	E3+01	Triebwerkserprobung (Jumo)	A-1a
130170	+	Triebwerkserprobung (BMW)	A-1b
130163	E2+01	Fahrwerksversuche	A-1a
130164	WA+TA	Waffen- und TSA-Erprobung	A-1a
130165	E4+E5	Hydraulik- und FT-Erprobung	A-1a
130167	SQ+WF	Abwurftanks, Bremsen	A-1a
130168	E3+02	Triebwerkshöhenerprobung	A-1a
130170	E2+02	Leistungsermittlung	A-1a
130172	EK+L1	Kraftstoffversuche, Reifen	A-1a
130174	EK+L2	Dauererprobung	A-1a
130175	+	Allgemeine Flugerprobung	A-1a
130186	+	Heimatschützer I	C-1a
130188	E7+01	Sturzflugvisier, BZA, TSA	A-1a
130189	+	Flugerprobung	A-1a
170038	E3+03	Triebwerkserprobung (Junkers)	A-1a
170039	EK+L3	Dauererprobung Triebwerk	A-1a
170056	+	Starthilfen, FuG 218, 226	A-1a
170057	WA+02	Bordwaffenerprobung	A-1a
170070	E7+02	TSA, Abwurfversuche	A-1a
170074	+	Heimatschützer II	C-2b
170078	+	Triebwerkserprobung (BMW)	A-1b
170079	+	Radantriebsversuche	A-1a
170083	+	Einbau MK 214, Rollversuche	A-1a/U4
170086	+	Stabilität, Abwurfbehälter	A-1a
170095	+	Fahrwerk, NJ-Erprobung	A-1a
170303	+	Abwurfversuche bis 1.000 kg	A-1a
170394	+	Allgemeine Flugerprobung	A-1a

MILITÄRISCHE MUSEEN SAMMLUNGEN UND ARCHIVE

HALLE FÜR LUFT- UND RAUMFAHRT
im
Deutschen Museum

Am 6. Mai 1984 wurde eine große neue Ausstellungshalle für die Luft- und Raumfahrt eröffnet. In drei Etagen und zwei Zwischengeschossen mit insgesamt fast 8.000 Quadratmeter Ausstellungsfläche zeigt sie Fluggeräte von den Anfängen bis heute. Darunter befindet sich auch eine Messerschmitt Me 262.

Anschrift:

Postfach
8000 München 26
Telefon: 089/21791
Es liegt auf der Isarinsel in München (Ludwigsbrücke).

Öffnungszeiten:
Täglich von 9.00 bis 17.00 Uhr
Bibliothek nur von Montag bis Freitag

Eintrittspreise:
DM 4,-- für Erwachsene
DM 1,50 für Kinder und Studenten

Angaben zum Museum
Es ist das größte technische Museum der Welt mit laufenden Vorführungen und Sonderausstellungen (erfragen!). Seine Bibliothek umfaßt 700.000 Bände und Sondersammlungen. Darunter auch Fotos aus dem Zweiten Weltkrieg.

Wir suchen Interessenten, welche bei uns Mitglied werden möchten.
Der Monatsbeitrag beträgt DM 2,20!
Aufnahmegebühr DM 5,40.
Alle zwei Monate erscheint unser IG-Mitteilungsblatt "DIE FLIEGE".
Mitgliedschaftsinfo gegen Rückporto.
Probe-"DF" für DM 4,40 erhältlich!
INTERESSENGRUPPE
"DEUTSCHE LUFTWAFFE 1933–1945"
Bostedtstraße 18 D-2407 Sereetz

Suche Geschichten folgender Divisionen (Infanterie):
408., 416., 461., 462., 541., 542., 543., 544., 545., 546., 547., 548., 549., 550., 551., 552., 553., 555., 556., 557., 558., 559., 560., 561., 562., 563., 564., 565., 567., 568., 569., 570., 571., 572., 573., 574., 575., 576., 577., 578., 579., 580., 581., 582., 583., 584., 585., 586., 587., 588., 600., 650., 702., 704., 707., 708., 709., 710., 711., 712., 713., 714., 715., 716., 717., 718., 719., 805., 999. Afrika-Division; suche von P. C. Ettinghofer: "Deutsche Tanks fahren in die Hölle" (Erster Weltkrieg).
Angebote von privat und Verlagen an:
Eberhard Georgens Am Schäfersee 39
1000 Berlin 51

In Vorbereitung sind folgende WAFFEN-ARSENAL-Bände:

- **Deutsche schwere 8-Rad Panzerspähwagen der GS-Baureihe**
- **Die NATO-Panzer**
- **Do 335**
- **Mercedes im Kriege**
- **V2**

Bitte beachten Sie auch die beiden Sonderhefte der WAFFEN-ARSENAL-REIHE:
Do X · 12,80 DM – und
KAMPFPANZER IN FARBE · 14,80 DM

Die erste geschlossene Darstellung über den von beiden Seiten erbittert geführten Luftkrieg über der Sowjetunion. Von der Bereitstellung der deutschen Luftwaffe, dem ersten Angriffstag, als 1.400 Maschinen am 22. Juni 1941 die Grenze überflogen, den Angriffen der Luftwaffe an allen Fronten und die Gegenschläge der russischen Jäger und Bomber. Kriegsjahr für Kriegsjahr ist das erregende Geschehen beschrieben, bis hin zu den Wochen und Monaten, da die sowjetische Luftwaffe die Initiative übernahm und die deutschen Flugzeuge nur noch zum Schutz der zurückweichenden Erdtruppen eingesetzt werden konnten.
550 Seiten · 180 Fotos · 39,80 DM

Die einzige geschlossene Darstellung über die deutschen Kampfpanzer und Kampffahrzeuge 1934/45 und ihre Tarnanstriche.
Der großformatige Band besticht durch die präzisen Farbdarstellungen und Beschreibungen der Fahrzeuge. 180 weitgehend unbekannte Fotos, dazu 70 farbige Zeichnungen geben einen umfassenden Überblick über alles rund um die deutschen Panzertruppe.
100 S.· Großform.·29,80 DM

DIE SCHWERE FLAK
Das große Buch der schweren Flak-Artillerie. Alles rund um die 8,8 cm-, 10,5 cm-, 12,8 cm- und 15 cm-Geschütze. Von den Einsätzen, den Geschützen, den Männern. Erstmals einschließlich Darstellungen von Ortungs- und Feuerleitgeräten. 250 Fotos · 148 Seiten · 36,-- DM
Erhältlich bei Ihrem Buchhändler oder direkt beim:
PODZUN-PALLAS-VERLAG GMBH
Markt 9 · 6360 Friedberg 3